Rolf Steininger

7. Oktober 2023

Das Massaker der Hamas in Israel und der Nahostkonflikt

Titelbild: Israelische Siedlungen bei Za'atara, Westbank, 2016. Wikimedia. Foto Ralf Roletschek, http://www.roletschek.at/

O. Univ.-Prof. Dr. Rolf Steininger, 1984 bis zu seiner Emeritierung 2010 Leiter des von ihm gegründeten Instituts für Zeitgeschichte der Universität Innsbruck, von 2008–2018 auch an der Freien Universität Bozen; seit 1989 Senior Fellow des Eisenhower Center for American Studies der University of New Orleans, seit 1995 Jean Monnet-Professor; Gastprofessor in Tel Aviv, Queensland (Australien) und New Orleans, Gastwissenschaftler in Ho Chi Minh-Stadt (Saigon), Hanoi, Kapstadt und Arcata (Humboldt State University); 1993 Ruf an die Heinrich-Heine-Universität Düsseldorf, 2007 an die Freie Universität Bozen; 2011 Tiroler Landespreis für Wissenschaft; zahlreiche Veröffentlichungen und preisgekrönte Hörfunk-, Film- und Fernsehdokumentationen.
Auf YouTube unter Rolf Steininger.
www.rolfsteininger.at

Diese Veröffentlichung stellt keine Meinungsäußerung der Landeszentrale für politische Bildung Thüringen dar. Für inhaltliche Aussagen trägt der Autor die Verantwortung.

Landeszentrale für politische Bildung Thüringen
Regierungsstraße 73, 99084 Erfurt
www.lztthueringen.de
2. unveränderte Auflage 2024

ISBN: 978-3-910740-11-2

Inhalt

Die Tat

1400 tote Israelis und 240 Geiseln

Es geschah in den frühen Morgenstunden des 7. Oktober, Samstag – und kam für die Israelis, genauso wie 50 Jahre zuvor beim Yom Kippur-Krieg, wieder völlig überraschend. Und wieder am Sabbat.

Um 6:00 Uhr wurden mehr als 3000 Raketen aus dem palästinensischen Gazastreifen auf Israel abgeschossen; in Tel Aviv und im übrigen ganzen Land gab es Luftalarm. Gleichzeitig durchbrachen etwa 2500 Kämpfer der von der EU, Großbritannien, den USA und Israel als Terrororganisation eingestuften Hamas im Gazastreifen an 30 Stellen unbehelligt den Grenzzaun zu Israel und verübten in nahegelegenen Orten und Kibbuzen und einem Musikfestival ein Massaker, ohne auf organisierten Widerstand zu stoßen: Die für die Sicherheit verantwortliche Division der Armee war schon seit Wochen zum Schutz der Siedler in der Westbank im Einsatz.

Es war eine abscheuliche Tat, an Grausamkeit nicht zu überbieten. Die Hamas-Terroristen pferchten Kinder in Häuser und verbrannten sie bei lebendigem Leib. Auf den Straßen fesselten sie junge Männer und Frauen und schossen ihnen in den Kopf. Manche Familien wurden ausgelöscht und ihre Babys an der Eingangstür erhängt. Andere wurden geköpft. Eine Gruppe hatte das Musikfestival zum Ziel und exekutierte dort wahllos 260 junge Menschen. Dabei wurden Frauen erst vergewaltigt, anschließend ermordet. Der Sanitäter Yossi Landau erzählte dem Sender i24news, in einem Haus habe er eine Frau mit aufgeschnittenem Bauch vorgefunden. »Das ungeborene Baby, immer noch mit der Nabelschnur verbunden, und jemand hatte mit dem Messer darauf eingestochen.« Der Mutter sei in den Kopf geschossen worden. In einem anderen Haus habe er die

Leichen von Eltern und zwei kleinen Kindern gefunden, denen die Terroristen die Hände auf den Rücken gebunden hatten. Sie seien alle verbrannt worden. »Ich habe eine tote Mutter gesehen, die ihr Baby im Arm hielt, beide mit einer Kugel getötet. Ich habe 20 Kinder gesehen, die erschossen und verbrannt wurden.«

In wenigen Stunden ermordeten die Terroristen 1400 Israelis und zogen sich dann unter Mitnahme von 240 Geiseln zurück. Man habe beschlossen, israelischen »Verbrechen« ein Ende zu setzen, sagte der Hamas-Militärchef Mohammed Deif.

Es war das schlimmste Blutbad in der israelischen Geschichte. Viele Israelis standen unter Schock. »Es war, als ob der Staat Israel aufhörte zu existieren«, sagte ein Reservist und Bewohner des Kibbuz Be'eri, wo allein 100 Bewohner ermordet worden waren. »Wir sind im Krieg, und wir werden gewinnen«, erklärte Israels Regierungschef Benjamin Netanjahu. Und weiter: »Unser Feind wird einen Preis bezahlen, wie er ihn noch niemals kennengelernt hat.« Israel werde die Hamas vernichten. Er schwor Rache für »diesen bösen Tag«; danach werde der Nahe Osten anders aussehen. Verteidigungsminister Yoav Galant erklärte: »Die Hamas hat einen schweren Fehler begangen und einen Krieg gegen den Staat Israel begonnen.« Wenig später flog die israelische Luftwaffe ununterbrochen schwere Angriffe auf Ziele im Gazastreifen und zerstörte dabei ganze Viertel, während die Hamas weiter Raketen auf Israel abfeuerte. Zeitgleich bildete Netanjahu mit der Opposition eine Notstandsregierung. Erstmals in der Geschichte Israels wurden 350.000 Reservisten mobilisiert, was allgemein als Vorbereitung für eine Bodenoperation gesehen wurde.

Zwei Tage nach dem Angriff riegelte Israel den Gazastreifen vollständig ab. Galant: »Es wird keinen Strom, keine Lebensmittel und kein Treibstoff geben.« Man habe es mit Barbaren zu tun und werde dementsprechend handeln.

Reaktionen in Deutschland und anderswo

Während die Regierungschefs der westlichen Länder das Massaker einhellig verurteilten, gab es in den islamischen Ländern Beifall. In den Straßen Teherans skandierten regimetreue Demonstranten »Tod Israel«, »Tod den USA«. Auf Tafeln war zu lesen: »Die große Befreiungsoperation hat begonnen.« Irans Präsident Raisi lobte die Hamas-Terroristen und bezeichnete ihre Tat als »rechtmäßige Verteidigung«, die man unterstütze. Für die irakische Regierung waren die Angriffe die Folge der jahrzehntelangen »systematischen Unterdrückung« durch die »zionistische Besatzungsbehörde«.

Türkeis Präsident Erdogan erklärte, die Hamas sei »keine Terrororganisation, sondern eine Befreiungsorganisation, die kämpft, um ihr Land zu schützen.«

In arabisch geprägten Vierteln – und nicht nur da – westlicher Städte gab es zahllose Pro-Palästina-Demonstrationen, verbunden mit einer Welle antisemitischer Äußerungen. In New York mit der weltweit größten jüdischen Gemeinde außerhalb Israels – größer als Tel Aviv – wurde »Free, free Palestine« skandiert und ein Hakenkreuz gezeigt. Ähnliche Szenen gab es in Toronto, Brüssel, Paris und Lausanne. In Sydney schrien Teilnehmer »Gas the Jews«. In London legten 100.000 Teilnehmer einer Pro-Palästina-Aktion den Verkehr lahm; es gab Rufe nach der Zerstörung Israels. In Wien feierten Pro-Palästina-Anhänger die Tat und schwenken palästinensische Fahnen. Dem standen insgesamt nur wenige pro-Israel-Demonstrationen gegenüber.

Die Reaktionen in Deutschland sind bemerkenswert. Möglicherweise ist das Teil dessen, was Bundeskanzlerin Merkel 2008 in Israel erklärt hat: Israels Sicherheit sei Deutschlands »Staatsräson«. In Berlin gab es eine große Pro-Israel Demonstration mit einer Rede des Bundespräsidenten. Das war aber womöglich erst der Anfang. Immerhin war Bundeskanzler Scholz der erste westliche Regierungschef, der in Jerusalem Netanjahu versicherte, dass die Bundesrepublik »eng und unverrückbar« an der Seite Israels stehe, und Außenministerin

Baerbock bestätigte inzwischen mehrfach Israels Recht auf Selbstverteidigung.

In vielen Städten, allen voran Berlin, gab es fast ausschließlich pro-palästinensische Demonstrationen mit Slogans wie »Freiheit für Palästina«, Palästina »from the river to the sea«, vom Jordan bis zum Mittelmeer, d. h. Vernichtung Israels, die zentrale Forderung der Feinde Israels. »Gaza in Neukölln« war ein Schlagwort. Das war und ist primitiver Antisemitismus, oftmals importierter Antisemitismus als Ergebnis misslungener Integration, wie das der ehemalige Botschafter Israels in Berlin, Stein, formulierte. Die Zahl der Straftaten in den ersten Tagen war erschreckend: mehr als 1100; in Berlin gab es hunderte Festnahmen, 100 Polizisten wurden verletzt. Jüdische Häuser wurden wie in der Nazizeit mit einem Judenstern markiert. Jüdische Eltern schicken ihre Kinder nicht mehr in die Schule, jüdische Gebäude werden verstärkt von deutscher Polizei geschützt. In Schulen werden von muslimischen und anderen Schülern provokante oder manchmal auch nur naive Fragen gestellt, wobei das »Wissen« zumeist von TikTok oder anderen sozialen Medien stammt – und Antworten oftmals ausbleiben müssen.

Falschmeldungen sind an der Tagesordnung. Seit dem 7. Oktober wurden immer mehr Bombendrohungen per E-Mail verschickt. Betroffen sind Behörden, Rundfunkanstalten, Polizeireviere, Jobcenter sowie Schulen. Immerhin wurde inzwischen ein Betätigungsverbot für die Hamas und das palästinensische Netzwerk Samidoun in Deutschland angekündigt, das laut Innenministerium »sehr schnell« vollzogen werden soll.

Das Massaker und der Nahostkonflikt

Der 7. Oktober hat eine lange Vorgeschichte. Wenn eines der Ziele der Hamas gewesen sein sollte, mit dem Massaker den Nahostkonflikt wieder zu einem Thema der internationalen Politik zu machen, dann war das ein voller Erfolg.

Russlands Präsident Putin verwies auf den Beschluss der UNO vom Jahr 1947, Palästina in einen jüdischen und einen arabischen Staat zu teilen, UN-Generalsekretär Antonio Guterres betonte, die Angriffe hätten »nicht im luftleeren Raum« stattgefunden und er verwies dabei auf 56 Jahre »erdrückende Besatzung« durch Israel. Der Eu-Außenbeauftragte Joseph Borrell sprach vom Versagen bei der Zweistaatenlösung dreißig Jahre zuvor. Wichtige Daten, aber um das Massaker in den größeren Rahmen des Nahostkonflikts einordnen zu können und um zu verstehen, warum der Nahe Osten »die gefährlichste Region der Welt« ist, wie es US-Außenmister Kissinger 1975 einmal zutreffend formulierte – und was zurzeit mehr denn je gilt –, muss man weiter zurückblicken.

——— Staatsgrenze	■ Hauptstadt
-------- umstrittene Staatsgrenze	○ Stadt
⊖ Grenzübergang	0 100 200 km

1896–1948: Vom »Judenstaat« zum Staat der Juden

Theodor Herzl

Alles begann vor mehr als 125 Jahren. Angesichts des zunehmenden Antisemitismus in Europa Ende des 19. Jahrhunderts zog der Wiener Jude Theodor Herzl die Konsequenzen. 1896 forderte er in einer 96 Seiten umfassenden Schrift »Der Judenstaat. Versuch einer modernen Lösung der Judenfrage« einen eigenen Staat für Juden in Palästina. Ein Jahr später organisierte er eine »Judenkonferenz« in Basel, den ersten »Zionistischen Weltkongress«. Anschließend schrieb er in sein Tagebuch: »Fasse ich den Basler Kongress in ein Wort zusammen – das ich mich hüten werde, öffentlich auszusprechen –, so ist es dieses: in Basel habe ich den Judenstaat gegründet. Wenn ich das heute laut sagte, würde mir ein universelles Gelächter antworten. Vielleicht in fünf Jahren, jedenfalls in 50 wird es jeder einsehen.« 50 Jahre und neun Monate später gab es diesen Staat.

1937: Die Briten schlagen die Teilung Palästinas vor – und das Nein der Araber

1917, noch während des Ersten Weltkrieges, sicherten die Briten den Zionisten ihre Unterstützung beim Aufbau einer »nationalen Heimstätte in Palästina« zu, wo allerdings 500.000 Araber lebten. 1922 erhielt Großbritannien vom Völkerbund das Mandat für Palästina. Von da an strömten Juden nach Palästina und gerieten schon bald mit den Arabern in Konflikt. Es gab Mord und Totschlag. Angesichts dieser Situation schlug London 1937 die Teilung des Landes in einen jüdischen und einen arabischen Staat vor. Die Zionisten akzeptierten, die Araber lehnten ab. Dies nicht zum letzten Mal.

Israel Government Press Office, Jerusalem

Britische Soldaten im jüdischen Viertel der Altstadt von Jerusalem 1936. Im Hintergrund der Felsendom.

Angesichts des drohenden Krieges änderten die Briten 1939 mit Blick auf die Araber ihre Politik: keine weitere jüdische Einwanderung nach Palästina, kein jüdischer Staat.

1947: Die UNO schlägt die Teilung vor – und das Nein der Araber

Als nach dem Krieg jüdische Terroraktionen in Palästina immer mehr britische Opfer und die Zionisten »einen Staat um jeden Preis« forderten, gab Großbritannien im Februar 1947 sein Palästinamandat an die UNO zurück. Die beschloss im November 1947 mit Zweidrittelmehrheit die Teilung Palästinas in einen arabischen und einen jüdischen Staat. Die Araber lehnten ab. Der ägyptische Außenmister gab das Motto für die folgenden Jahre aus: »Bevor wir langsam unsere mühsam erkämpfte Freiheit wieder verlieren und in 20 Jahren vielleicht als Sklaven jüdischer Herren enden, ziehen wir lieber jetzt in den Krieg und versuchen, die Entwicklung dieses Staates unmöglich zu machen.« Es folgte ein blutiger Krieg Araber gegen Juden mit Terror, Flucht und Vertreibung der Araber.

1948–1982: Die Zeit der Kriege

Der erste arabisch-israelische Krieg

Die Unabhängigkeit des neuen Staates Israels trat um Mitternacht des 14. Mai in Kraft. Während US-Präsident Truman 11 Minuten später Israel anerkannte, griffen Ägypten, Transjordanien, Syrien, der Irak, Saudi-Arabien und der Libanon Israel an. Um 6:00 Uhr fielen die ersten Bomben auf Tel Aviv. Abdel Rahman Azzam Pasha, der Generalsekretär der im März 1945 gegründeten Arabischen Liga, verkündete in Kairo, die arabischen Länder würden die Juden ins Meer werfen: »Dies wird

Israel Government Press Office, Jerusalem

Am Nachmittag des 14. Mai 1948 verliest David Ben Gurion im Kunstmuseum von Tel Aviv unter einem Porträt von Theodor Herzl die Unabhängigkeitserklärung des Staates Israel.

ein Ausrottungskrieg und ein Massaker sein, von dem man wie von dem mongolischen Massaker und den Kreuzzügen sprechen wird.« Der erste arabisch-israelische Krieg hatte begonnen. Anfangs sah es nicht gut aus für Israel. Für den britischen Außenminister Ernest Bevin schien der zionistische Traum schon ausgeträumt. Er irrte sich. 1949 hieß der Sieger Israel. Die Araber waren die eindeutigen Verlierer. Israel erweiterte sein Staatsgebiet. Ost-Jerusalem und die von Israel nicht eroberte Westbank kassierte wenig später der König von Jordanien, der Gazastreifen ging an Ägypten. Für die Araber war das, was damals geschah, eine Katastrophe mit 700.000 Flüchtlingen und Vertriebenen. Sie nennen das bis heute Nakba (Katastrophe). Die arabischen Staaten waren jetzt erst recht entschlossen, Israel zu vernichten.

Der Suezkrieg

Der neue starke Mann auf arabischer Seite wurde Gamal Abd el Nasser in Ägypten.

Um Geld für den Bau des Assuan-Staudamms, sein großes politisches Ziel, zu bekommen, verstaatlichte er im Juli 1956 die britische Suezkanal-Gesellschaft. Der britische Premierminister Anthony Eden stellte klar, dass der Kanal, durch den zwei Drittel des Öls für Europa transportiert wurden, für Großbritannien und für Europa lebenswichtig sei, und dass man Nasser deshalb nicht erlauben dürfe, »seine Hand an unserer Gurgel zu haben«. Die Konsequenz war: militärische Intervention.

Auch Frankreich hatte ein Interesse an Nassers Beseitigung, der sich als Führer aller Araber und Moslems sah. Damit bedrohte er Frankreichs Präsenz in Algerien, wo am 1. November 1954 die Moslems zum offenen Aufstand gegen die Kolonialmacht ausgerufen hatten. Das Hauptquartier der Aufständischen befand sich in Kairo, Nasser lieferte Waffen für den Algerienkrieg.

Israel war ein willkommener Bündnispartner in der Koalition zwischen Frankreich und Großbritannien. Seit Herbst

März 1957: Einholen der israelischen Flagge bei Sharm el Sheik auf dem Sinai. Die erste Friedenstruppe der UNO übernimmt die israelischen Stellungen.

1955 hatte die Sowjetunion über den Umweg Tschechoslo-
wakei massiv Waffen an Nasser geliefert: bis zum Sommer
1956 200 MIG-Düsenjäger, 100 Panzer und sechs U-Boote.
Gleichzeitig hatte Ägypten den Suezkanal und die Straße von
Tiran am Ausgang des Roten Meeres für israelische Schiffe
gesperrt, sowie den Luftraum über dem Golf von Akaba abgeriegelt. Gleichzeitig verstärkten sich die Angriffe arabischer
Feddajin (arabisch: »Die sich selbst aufopfern«) gegen Israel,
dessen Waffenstillstandsgrenzen von 1949 »bluteten«, wie es
Österreichs diplomatischer Vertreter in Israel formulierte: seit
1951 waren 1000 Israelis getötet worden.

Der gemeinsam mit Paris und London geplante Krieg gegen
Nasser wurde allerdings zum Desaster. Washington übte massiven wirtschaftlichen Druck auf London aus, das Pfund Ster-
ling fiel ins Bodenlose, Öllieferungen nach Großbritannien
wurden blockiert. Am 22. und 23. Dezember verließen die
anglo-französischen Truppen Ägypten.

Israel war zunächst nicht bereit, sich aus dem Sinai zurück-
zuziehen. Doch übten die USA auch hier massiven Druck aus.
Die Wirtschaftshilfe wurde eingestellt, UNO-Sanktionen, ja so-
gar der Ausschluss Israels aus der UNO wurden angedroht.
Am 7. März 1957 verließen die letzten israelischen Soldaten
ägyptisches Gebiet, nachdem Washington zugesichert hatte,
dass eine erneute Sperrung der Straße von Tiran für Israel ein
Kriegsgrund sei. Im Gazastreifen und in Sharm el Sheik an
der Südküste des Sinai bezogen Einheiten einer UN-Friedens-
truppe Stellung.

Der Sechstagekrieg – und dreimal Nein der Araber
Am 22. Mai 1967 verkündete Nasser die erneute Blockade
der Straße von Tiran. Sein öffentlich von ihm verkündetes Ziel:
die Vernichtung Israels. Das war gleichbedeutend mit einer
Kriegserklärung.

Der Krieg begann am Morgen des 5. Juni 1967 mit einem
Präventivschlag Israels gegen Ägyptens Luftwaffe, die vollständig zerstört wurde. Nach nur drei Stunden stellte General Ezer

Weizman fest: »Wir haben den Krieg gewonnen.« Israelische Panzer stießen anschließend zum Suezkanal vor. In einer massiven Operation wurden die Westbank und Ost-Jerusalem erobert. Am 10. Juni gegen Mittag fiel Kuneitra, der Hauptstützpunkt der Syrer auf dem Golan. Nach massiver Drohung der Sowjets, notfalls militärisch einzugreifen, stoppten die Israelis ihren Vormarsch.

Die Araber hatten eine totale militärische Niederlage erlitten – mit 15.000 toten Soldaten. Israel mit 779 Toten hatte das Dreifache seines ursprünglichen Territoriums erobert – manche sprachen von Israels »zweiter Geburt« – und war Besatzungsmacht für zwei Millionen Palästinenser geworden.

Kurt Waldheim, damals Österreichs Vertreter bei den Vereinten Nationen und später zehn Jahre lang deren Generalsekretär, meinte in einer Analyse des israelischen Sieges, Israel habe sich damit »militärische Sicherheit auf lange Sicht geschaffen. Von einer politischen Lösung seiner Existenzfrage dürfte es jedoch weiter entfernt sein denn je.« Das war keine schlechte Voraussage.

Israel bot Friedensverhandlungen an, die Arabische Liga antwortete im September 1967 in Khartum mit einem dreifachen Nein: Nein zur Anerkennung Israels, Nein zu Verhandlungen mit Israel, Nein zum Frieden mit Israel.

Dieses dreifache Nein blieb als »Formel von Khartum« die Grundlage für die zukünftige Politik der arabischen Staaten gegenüber Israel.

Am 22. November 1967 verabschiedete der UN-Sicherheitsrat schließlich die Resolution 242, die bis heute die völkerrechtliche Grundlage aller Bemühungen um eine Friedenslösung im Nahen Osten geblieben ist. Sie bekräftigte als Grundsätze eines gerechten und dauerhaften Friedens in Nahost einerseits den »Rückzug israelischer Streitkräfte aus Gebieten, die während des jüngsten Konfliktes besetzt wurden« – Sinai, Gaza, Westbank, Ost-Jerusalem, Golan –, und andererseits die »Anerkennung der Souveränität der territorialen Unversehrtheit und der politischen Abhängigkeit eines jeden Staates in dem Gebiet und seines Rechts, innerhalb sicherer und anerkannter Grenzen in Frieden zu leben, frei von Drohungen und Akten der Gewalt«.

Der Yom Kippur-Krieg

Im September 1970 starb Ägyptens Führer Nasser. Sein Nachfolger wurde Anwar as-Sadat. Dessen Kriegsdrohungen nahm man nicht ernst, da seinen zahlreichen Ankündigungen zur Rückeroberung der besetzten Gebiete keine Taten folgten. Bis zum 6. Oktober 1973. An jenem Samstag, Yom Kippur, dem höchsten jüdischen Feiertag, griffen ägyptische und syrische Einheiten in einer koordinierten Aktion gegen 14:00 Uhr israelische Stellungen an zwei Fronten gleichzeitig an: am Suezkanal und auf den Golanhöhen. Im Gefühl des Sieges von 1967 wurde Israel von dem Angriff vollkommen überrascht. Das Land entging nur knapp dem Untergang. Mehr als 2700 Soldaten starben.

Wikipedia

Oktober 1973: Yom Kippur-Krieg. Israel wird von dem Angriff der Ägypter und Syrer völlig überrascht und verliert am ersten Tag allein an der Suezfront 400 Panzer.

Die israelische Öffentlichkeit verlangte Antworten auf die Frage, wer für dieses Desaster verantwortlich war. Am 2. April 1974 legte eine unabhängige Kommission einen Bericht vor, in dem der Generalstabschef David Elazar verantwortlich gemacht wurde, während Ministerpräsidentin Golda Meir und Verteidigungsminister Moshe Dajan von jeder Verantwortung freigesprochen wurden. Daraufhin verschärften sich die öffentlichen Protestaktionen in Israel. Neun Tage nach diesem Bericht traten Golda Meir, Moshe Dajan und Außenminister Abba Eban zurück.

Der neuen Regierung unter Itzhak Rabin, dem Sieger des Sechstagekrieges, gelang es in den folgenden drei Jahren bis zu den Wahlen im Mai 1977 nicht, das durch den Krieg verloren gegangene Vertrauen zurückzugewinnen.

Die Wahlen gewann die rechte Likudpartei unter Menachem Begin. Es war eine historische Wendemarke in der Geschichte des Staates Israel: Die Regierung Begin begann mit einem massiven Siedlungsbau in den besetzten Gebieten. Siedlungspolitik galt als »nationale Religion«, Siedlungen gehörten zur »Philosophie Israels« (so 1979 der Generaldirektor in Israels Außenministerium, David Kimche) – und wurden von nun an zum größten Hindernis für eine Friedensregelung. Die Westbank war für Begin Judäa und Samaria, befreites Gebiet; an eine Rückgabe und Ende der Besatzung war nicht gedacht. Das galt auch für den Gazastreifen. (Inzwischen leben dort und in Ost-Jerusalem etwa 700.000 Siedler beschützt von israelischem Militär.)

Camp David – und das Nein der Araber

Das wurde deutlich beim Camp David-Abkommen von 1978: zum einen wurde die Rückgabe der Sinai-Halbinsel an Ägypten und ein Friedensvertrag zwischen Ägypten und Israel vereinbart, zum andern sollte in der Westbank und im Gazastreifen innerhalb von fünf Jahren eine autonome Verwaltung eingerichtet werden. Dafür waren Verhandlungen zwischen Israel, Ägypten, Jordanien und Palästinensern vorgesehen. Während dieser Zeit sollte Israel auf den Bau weiterer Siedlungen verzichten.

Die ersten Reaktionen aus den arabischen Staaten waren durchwegs negativ. Die Regierungschefs von Algerien, dem Irak, Libyen, dem Jemen, Syrien und Arafat, dem Chef der Palästinensischen Befreiungsorganisation PLO, nannten Camp David eine »Verschwörung gegen die arabische Nation«, forderten den Abbruch der politischen und wirtschaftlichen Beziehungen zu Ägypten und die Verlegung des Sitzes der Arabischen Liga von Kairo in ein anderes Land. Die syrische Regierung nannte Sadat einen »Verräter« und »Kapitulanten«.

Für die USA war Camp David ohne Teilnahme der Palästinenser an den vorgesehenen Verhandlungen über die Umsetzung des Camp David-Abkommens betr. Autonomie nur die Hälfte wert. In Camp David waren keine Palästinenser beteiligt gewesen. Und jetzt sah die Situation schlecht aus.

US-Botschafter Alfred Atherton suchte in Jerusalem das Gespräch mit führenden Persönlichkeiten und Bürgermeistern aus der Westbank. Die pro-PLO-Bürgermeister lehnten die Einladung ab, aber selbst die moderaten äußerten ihre Kritik an Sadat. Der habe auf Ägyptens Souveränität im Sinai bestanden, aber nicht auf der Souveränität der Araber in der Westbank, einschließlich Ost-Jerusalems. Nuseibeth, eine Persönlichkeit aus Jerusalem und Bruder des jordanischen UN-Botschafters, brachte es auf den Punkt: »In Camp David haben Israel und Ägypten einen Deal auf Kosten der Palästinenser gemacht.« Die Gruppe gab aber auch zu verstehen, dass sie nicht für alle Palästinenser sprechen könne; man befinde sich in einer schwierigen Situation, und »wir wollen nicht unser eigenes Grab schaufeln.« Daher plädierten sie für direkte Gespräche der USA mit der PLO. Einig waren sich allerdings alle und da spreche man für 70 Prozent der Palästinenser, dass das Ende der israelischen Siedlungspolitik das Wichtigste überhaupt sei.

Im Oktober machte US-Nahostexperte Harold Saunders in Jerusalem einen letzten Versuch, zumindest einige der wichtigsten moderaten Palästinenser für die Teilnahme an den geplanten Verhandlungen zu gewinnen. Das waren die Bürgermeister von Gaza, Bethlehem, Nablus und Ramallah. Das Ergebnis war ernüchternd. Bethlehems Bürgermeister Elias Freij sagte, wie es war: »Wir in der Westbank haben nicht die Macht zu verhandeln. Ohne die Zustimmung von PLO, Jordanien, Syrien und Saudi-Arabien können wir uns keinen Zentimeter bewegen.« Die Bürgermeister wollten dann wissen, was bei einer Ablehnung des Abkommens durch die Palästinenser geschehen werde. Saunders machte keine große Hoffnungen: »Israel wird eine Art Selbstregierung einführen, und die westliche Welt wird keinen Unterschied zum Abkommen feststellen und sich fragen, warum das nicht im Interesse der Palästinenser sein sollte.«

US-Generalkonsul Michael H. Newlin wurde deutlicher: »Die Westbank und Gaza bleiben isoliert, und Israel wird seine Kolonisationspolitik mit Tempo fortsetzen.« Und dann ganz dezidiert: »Die PLO kann Euch nicht helfen; Syrien, die Saudis und König Hussein [von Jordanien] verfolgen eigene Interessen; und ihr müsst euch selbst helfen.« Saunders abschließend: »Ich wundere mich über das, was ihr mir sagt, und ich muss Präsident Carter berichten, dass ihr statt Selbstverwaltung lieber weiter die israelische Besatzung haben wollt.« Seine Schlussfolgerung für Präsident Carter klang so: »Es wird immer deutlicher, dass die Vorteile des Camp David-Abkommens nicht verstanden werden und eine glatte Ablehnung politisch sicherer ist, da das Abkommen kein absolut klares Ergebnis garantiert. Aus Erfahrung wissen die Palästinenser, dass sie zu schwach sind, um erfolgreich mit den Israelis verhandeln zu können.« Österreichs Botschafter in Israel, Ingo Mussi, formulierte es so: »Es gehört wohl zum tragischen Schicksal dieses Volkes, Gelegenheiten stets zu versäumen.«

Am 26. März 1979 unterzeichneten Sadat und Begin – und US-Präsident Carter als Zeuge – vor dem Weißen Haus in Washington in einer großen Zeremonie den Friedensvertrag für ihre Länder. Ägypten erkannte als erster arabischer Staat

5. September 1978: Ägyptens Präsident Anwar as-Sadat, US-Präsident Jimmy Carter und Israels Ministerpräsident Menachem Begin (v. l.) in Camp David, dem Landsitz des amerikanischen Präsidenten in der Nähe von Washington. Nach 13 Tagen gibt es ein Abkommen, das Frieden zwischen Ägypten und Israel und Autonomie für die Palästinenser in der Westbank und im Gazastreifen vorsieht.

Israel diplomatisch an; dafür würde Israel sich nach drei Jahren vollständig aus dem Sinai zurückziehen.

Die gleichzeitig vereinbarten Autonomiegespräche zwischen Israel und Ägypten – ohne Jordanien und Palästinensern – bewegten sich von Anfang an auf der Stelle. Die Ägypter drängten nicht, um den auf drei Jahre festgelegten Rückzug der Israelis aus dem Sinai nicht zu gefährden. Die Regierung Begin betrachtete jede Änderung des Status quo in der Westbank und Gaza mit tiefstem Misstrauen und Widerwillen und war im Grunde nur darauf aus, solche Änderungen möglichst lange hinauszuschieben.

Der 26. April 1982 war sowohl für Israel wie für Ägypten ein wichtiges Datum. An diesem Tag musste die Sinai-Halbinsel vollständig von Israel geräumt sein. Offizielle israelische

Kreise betonten immer wieder, welche Opfer Israel in diesem Zusammenhang auf sich nehmen und welches Risiko man eingehen werde. Die israelische Armee würde verlieren:

- vier Flugplätze,
- einen Flottenstützpunkt,
- über 100 Militärlager,
- ein menschenleeres Übungsgelände, das mehr als doppelt so groß war wie Israel,
- Frühwarnstationen, die infolge ihrer günstigen Lage (hohe Berge) nicht nur nach Westen, sondern auch weit nach Osten (Jordanien, Syrien, Saudi-Arabien) »blicken« konnten,
- Ölfelder, die den Bedarf der israelischen Armee gedeckt hatten (jährliche Verluste an Öleinnahmen in der Größenordnung von 1 Milliarde Dollar).
- Die militärischen Installationen würden zerstört, die zivilen abmontiert bzw. an Ägypten verkauft werden, dürften jedoch nicht zerstört werden (der Gesamtwert der israelischen Installationen im Sinai seit 1967 betrug etwa 20 Milliarden Dollar).

Es gab gewalttätige Opposition gegen die Räumung jüdischer Siedlungen. Der Widerstand konzentrierte sich auf Yamit an der Mittelmeerküste, der einzigen städtischen Siedlung mit 600 Familien, und in deren Bereich zwölf landwirtschaftliche Siedlungen mit 450 Familien. Am 25. April wurde die Räumung durch israelische Soldaten durchgeführt.

In Israel war die Stimmung an diesem Tag gedrückt, vielfach wurde die bange Frage laut, ob man nicht einem Täuschungsmanöver erlegen sei. Den aus dem Sinai abziehenden Soldaten, ja selbst den Kommandanten standen bei der Einholung der israelischen Flagge Tränen in den Augen.

Demgegenüber wurde von den Regierungen in Jerusalem und Kairo mit Blick auf die Zukunft der israelisch-ägyptischen Beziehungen Optimismus verbreitet. Begin und Ägyptens neuer Staatspräsident Mubarak – Sadat war 1981 ermordet worden – bekannten sich an diesem Tag in

25. April 1982: Die gewaltsame Räumung der letzten großen Siedlung Yamit auf dem Sinai durch Soldaten der israelischen Armee.

Fernsehansprachen – der ersten gemeinsamen Sendung des israelischen und ägyptischen Fernsehens überhaupt – neuerlich zu einem dauerhaften Frieden. Mubarak und US-Präsident Reagan drückten darüber hinaus Begin telefonisch ihre Genugtuung über die Erfüllung des Friedensvertrages aus.

Der Libanonkrieg
Im Libanon bahnte sich 1982 eine neue Krise an. Israels Verteidigungsminister Ariel Sharon und ein Teil der führenden Militärs brannten förmlich darauf, die PLO möglichst mit einem einzigen Schlag zu vernichten und gleich auch noch die syrischen Raketenstellungen im Libanon zu eliminieren. Seit 1970 agierte die PLO im Libanon mit zahllosen Terroranschlägen gegen Israel.

Es wurde ein Angriffskrieg mit nur mäßigem Erfolg und massiven Protesten in Israel. Unter Vermittlung der USA konnte sich PLO-Führer Jassir Arafat mit 8.500 seiner Kämpfer im August 1982 nach Tunesien zurückziehen.

1987 – 2005: Von der Ersten Intifada und die geplante Zweistaatenlösung

Die Erste Intifada

Am 9. Dezember 1987 begann das, was als Erste Intifada in die Geschichte des Nahostkonflikts eingegangen ist: der Versuch der Palästinenser, die seit dem Sechstagekrieg 1967 anhaltende israelische Besatzung der Westbank und des Gazastreifens mit Gewalt zu beenden.

Unmittelbarer Anlass für die Intifada war am 8. Dezember im Gazastreifen der Zusammenstoß zwischen einem israelischen Lastwagen und einem arabischen PKW, in dem aus Israel heimkommende Arbeiter saßen. Vier Palästinenser waren getötet, sieben verletzt worden.

Das arabische Wort »Intifada« steht für Aufstand, sich erheben, die Besatzung abschütteln. Genau das wollten die Palästinenser, die keine Waffen hatten und stattdessen vor allem auf Steine zurückgriffen, die auf israelische Panzer und Soldaten sowie Siedler gleichermaßen geworfen wurden, was der Bewegung den Beinamen »Krieg der Steine« einbrachte. Israels Verteidigungsminister war Yitzhak Rabin, der die Armee dazu aufrief, mit »Macht, Kraft und Prügel« die Ordnung wiederherzustellen. Steinewerfern wurden anfangs von israelischen Soldaten die Arme und Beine gebrochen – bis es bei einzelnen Soldaten zu Befehlsverweigerungen kam.

Ein weiteres Merkmal der Intifada war der Einsatz von Molotowcocktails. Es war eine brutale Angelegenheit. Unter den Palästinensern gab es Lynchjustiz: Personen, die mit israelischen Behörden zusammenarbeiteten, wurden als Kollaborateure angesehen und grausam verfolgt, die von Israel ernannten

Israel Government Press Office, Jerusalem

Anfang Dezember 1987 beginnt das, was als Erste Intifada (arab. abschütteln) in die Geschichte eingegangen ist: der Versuch der Palästinenser, die
israelische Besatzung in der Westbank und im Gazastreifen »abzuschütteln«.

Bürgermeister sowie Polizisten ermordet. Es kam zu blutigen
Straßenschlachten, täglich wurde ein Palästinenser erschossen. Allmählich setzte sich jedoch auch in der israelischen Öffentlichkeit die Meinung stärker durch, dass durch rein militärische Aktionen die Intifada kaum zu unterdrücken war und
somit eine politische Lösung des Palästinenserproblems gefunden werden müsse. Ohne die Palästinenser war das aber
kaum machbar.

Die Hamas
Dabei war noch aus einem anderen Grund die Lage schwieriger und eine politische Lösung dringender geworden. Der
Ausbruch der Intifada war eine inner-palästinensische Angelegenheit, von der die PLO-Führung unter Arafat in Tunis genauso überrascht worden war wie die Israelis. Einmal begonnen, versuchte die PLO, Einfluss auf die Bewegung zu nehmen

und geriet damit in wachsende Rivalität zu einer anderen »Befreiungsbewegung«, der im Gazastreifen gegründeten radikal-islamistischen Organisation Hamas.

Die Hamas war offiziell erst im Zuge der Intifada gegründet worden und maßgeblich an deren Ausbruch beteiligt gewesen, hatte sie doch nach dem Autounfall am 8. Dezember 1987 im Gazastreifen das Gerücht verbreitet, der Lenker des Lkw sei der Bruder jenes Israeli gewesen, der wenige Tage zuvor auf dem Hauptplatz von Gaza von einem Palästinenser erstochen worden war; es habe sich nicht um einen Verkehrsunfall, sondern um einen Racheakt gehandelt.

Der Einfluss von Hamas im Gazastreifen war bereits Jahre vorher spürbar geworden, als seine Aktivisten mit Duldung der israelischen Militärregierung, die sich dadurch eine Schwächung des PLO-Einflusses im Gazastreifen erhoffte, darangingen, Videogeschäfte und Alkohol ausschenkende Lokale niederzubrennen, westlich gekleidete Frauen zu attackieren, den Auftritt von Tanzgruppen bei Hochzeiten zu verhindern und die Schließung von Kinos zu betreiben.

Hamas (»Eifer«, »Kampfgeist«, zugleich Akronym »Islamische Widerstandsbewegung«) war aus der ägyptischen Muslimbruderschaft hervorgegangen. In ihrer Gründungscharta aus dem Jahr 1988 wurde das Existenzrecht Israels ausdrücklich verneint, das Töten von Juden zur unbedingten Pflicht eines jeden Muslims erklärt. Ziel der Hamas war es, die »Intifada« zu islamisieren und mit allen Mitteln einen demokratisch-säkularen Palästinenserstaat zu verhindern. Ihr Einfluss beschränkte sich dabei nicht auf die von Israel besetzten Gebiete und die israelischen Araber, sondern war praktisch bereits in allen wichtigen islamischen Ländern spürbar. Hamas gab in London die Wochenzeitung »Islamic Palestine« heraus.

Die Führung der Hamas bezeichnete den Aufstand der Palästinenser nicht als »Intifada«, sondern als »Revolution der Moschee«, rief zur Vernichtung Israels auf und forderte ein »moslemisches Palästina vom Jordan bis zum Mittelmeer«. Sie verbreitete »religiöse Regeln«, wonach jeder, der die

UN-Resolutionen 242 (s. o.) und 338 (aus dem Yom Kippur-Krieg: Verhandlungen für einen »gerechten und dauerhaften Frieden« im Nahen Osten auf der Basis der Resolution 242) erwähnte, ein Häretiker sei. Dies veranlasste PLO-Führer Arafat zu schärfster Replik, zumal es bereits seit zwei Jahren Kontakte zwischen der PLO und den USA gab, nachdem Arafat die amerikanischen Bedingungen akzeptiert hatte: öffentliche Ablehnung jeder Form von Terrorismus und die Anerkennung der Existenz Israels und der UN-Resolution 242. Dies hatte den USA zur Anerkennung der PLO gereicht; in Tunis waren anschließend erste Gespräche geführt worden. Bei möglichen Friedensgesprächen mit Palästinensern fiel die Wahl daher nicht schwer. Im Vergleich zur Hamas war Arafat das kleinere Übel.

Das Oslo-Abkommen

1993 gab es eine Chance zur Beendigung des Nahostkonflikts. Ein Jahr zuvor hatte Israels Ministerpräsident Yitzhak Rabin den ersten Schritt auf dem Weg zum Frieden getan. In seiner Regierungserklärung bot er den Palästinensern ein Autonomieabkommen mit klaren Zusagen an: keine weiteren Siedlungen in der Westbank und in Gaza, keine weiteren willkürlichen Enteignungen von Land der Araber für Siedlungen. Wobei allerdings auch klar war: an einen totalen Rückzug aus den besetzten Gebieten dachte auch Rabin nicht; bei allen Entscheidungen waren sicherheitspolitische Überlegungen zu bedenken.

Fünf Tage nach Rabins Regierungserklärung war US-Außenminister James Baker in Jerusalem, wo ihm Rabin eröffnete: »Die Zukunft von 3,5 Millionen israelischen Juden und 1 Million arabischer Juden kann nicht von 100.000 Siedlern abhängig sein.« Verträge für neue Siedlungen habe er gestoppt; die Siedlerbewegung sei in Aufruhr, aber er werde sich nicht abschrecken lassen.

Zur gleichen Zeit liefen bereits geheime Friedensgespräche in Oslo, die Rabins Vorgänger Shimon Peres initiiert hatte. Voraussetzung war Anfang September 1992 die gegenseitige

Anerkennung von Israel und der PLO. Am 9. September schrieb Arafat an Rabin: »Die PLO erkennt das Recht des Staates Israel auf Existenz in Frieden und Sicherheit an. [...] Die PLO verpflichtet sich auf den Nahost-Friedensprozess und auf eine friedliche Lösung des Konflikts zwischen den zwei Parteien und erklärt, dass alle ausstehenden Fragen über den dauerhaften Status durch Verhandlungen geregelt werden.«

In seinem Antwortschreiben teilte Rabin die Entscheidung seiner Regierung mit, »die PLO als Vertretung des palästinensischen Volkes anzuerkennen und Verhandlungen mit ihr im Rahmen des Nahost-Friedensprozesses aufzunehmen«.

Die inzwischen in Oslo ausgehandelte Prinzipienerklärung über die vorübergehende Selbstverwaltung wurde am 13. September 1993 auf Einladung von US-Präsident Bill Clinton in einer feierlichen Zeremonie auf dem Rasen vor dem Weißen Haus in Washington unterzeichnet.

William J. Clinton Presidential Library, Little Rock, Arkansas

Ein Bild, das um die Welt ging: ein historischer Händedruck. Am 13. September 1993 unterzeichnen Israels Ministerpräsident Yitzhak Rabin und PLO-Führer Yassir Arafat in Washington, D. C., im Beisein von Präsident Bill Clinton das Oslo-Abkommen.

Nachdem Arafat und Rabin kurze Erklärungen abgegeben hatten, reichten sie sich die Hände: ein Bild, das um die Welt ging. Für viele Beobachter war dies ein historischer Moment, der den Anfang vom Ende des israelisch-palästinensischen Konfliktes symbolisierte. Rabin war zunächst zögerlich gewesen, Arafat die Hand zu reichen, da dieser für ihn trotz allem den palästinensischen Terror verkörperte. Arafat wollte unbedingt diesen Handschlag und sah in der ganzen Zeremonie ein Zeichen für die volle internationale Anerkennung, auch von Seiten Israels, des Rechts der Palästinenser auf Selbstbestimmung.

Minuten vorher hatten sie in einer feierlichen Zeremonie die in Oslo ausgehandelte Prinzipienerklärung über die Selbstverwaltung der Palästinenser unterzeichnet. Sie war kein Vertrag, sondern zunächst nur eine Rahmenvereinbarung. Beide Seiten stimmten darin überein, dass es an der Zeit sei, »Jahrzehnte der Konfrontation und des Konfliktes zu beenden, mit dem Ziel, eine gerechte, dauerhafte und umfassende Friedensregelung sowie eine historische Aussöhnung auf dem Weg des vereinbarten politischen Prozesses zu erreichen.«

Für einen Zeitraum von nicht mehr als fünf Jahren sollte für das palästinensische Volk im Westjordanland und im Gazastreifen eine Übergangsbehörde eingerichtet werden, was dann zu einer dauerhaften Übereinkunft führen sollte. Die Übergangsperiode sollte mit dem Abzug der Israelis aus dem Gazastreifen und aus Jericho beginnen und nach vier Monaten abgeschlossen sein. Danach würden die Palästinenser die volle Kontrolle dieses Gebiets übernehmen; außerdem sollte eine sichere Passage zwischen diesen beiden Gebieten eingerichtet werden.

Umstrittene Fragen, wie zukünftige Grenzen, der Status Jerusalems, Flüchtlinge, Siedlungen, Sicherheitsregelungen, Beziehungen zu und Zusammenarbeit mit anderen Nachbarn waren in der Vereinbarung ausgeklammert worden; darüber sollte später verhandelt werden.

Am 4. Mai 1994 wurde das Abkommen über den Abzug der israelischen Truppen aus Gaza und Jericho in Kairo unterzeichnet.

Vor der Knesset meinte Rabin wenige Tage später: »Wir glauben, dass es ein gutes Abkommen ist – gut für uns und für die Palästinenser – und dass es auch die Chance auf Erfolg beinhaltet.« Bis zum 19. Mai hatten sich die israelischen Streitkräfte zurückgezogen, am 1. Juli 1994 traf Arafat in Gaza ein. Zum ersten Mal seit 1967 betrat er damit wieder palästinensischen Boden.

Wenig später gab es auch Frieden mit Jordanien. Noch im Juli 1994 unterschrieben Rabin, Jordaniens König Hussein und Präsident Clinton im Weißen Haus die sogenannte Washington-Deklaration, mit der die militärische Auseinandersetzung zwischen Israel und Jordanien beendet wurde. Kurz danach wurde nördlich von Akaba und Eilat ein erster Grenzübergang zwischen beiden Staaten eröffnet: Wadi Araba. Am 26. Oktober schließlich wurde hier der Friedensvertrag zwischen Israel und Jordanien von Rabin, König Hussein und Clinton unterzeichnet.

Ein Jahr später, am 8. September 1995, wurde eine weitere Vereinbarung in Washington unterschrieben, mit der die Ausweitung der palästinensischen Selbstverwaltung in der Westbank und Gaza geregelt wurde.

Die israelische Rechte machte inzwischen gegen Rabin mobil. Er wurde in SS-Uniform als Verräter und Mörder gebrandmarkt. Entsprechende Poster hingen an jeder Straßenecke, an Leitungsmasten, Pfosten und an Laternenpfählen. Jüdische Siedler im besetzten Gebiet sprachen vom Ausverkauf Israels. Einige Rabbiner forderten öffentlich die Todesstrafe für jene, die Juden verfolgten oder jüdischen Besitz dem Feind überantworteten. Am 4. November 1995 wurde Rabin von einem religiös-fanatischen Juden ermordet. Das war das Endes dieses Friedensprozesses.

Israels neues Angebot – und Arafats Nein

US-Präsident Bill Clinton versuchte, diesen Prozess wieder in Gang zu bringen. Im Juli 2000 war er Gastgeber in Camp David für Arafat und den neuen israelischen Regierungschef Ehud Barak. Barak von der Arbeitspartei war wie Rabin Militär und zwar der höchst dekorierte der israelischen Armee. Er machte das bis dahin weitestgehende Angebot, das jemals ein israelischer Regierungschef gemacht hat: Rückgabe von 91 % der Westbank; Ostjerusalem als Hauptstadt mit Souveränität über die muslimischen und christlichen Viertel der Altstadt. Die Siedlungen im Gazastreifen und die meisten in der Westbank sollten geräumt werden. Arafat sagte nein. Clinton zitierte später den ehemaligen israelischen Außenminister Abba Eban: »Die Palästinenser lassen sich nie eine Gelegenheit entgehen, sich eine Gelegenheit entgehen zu lassen.«

Wenig später wurde Ariel Sharon neuer Regierungschef.

Die Zweite Intifada, Ariel Sharon und George W. Bush

Die Zweite Intifada begann im Jahr 2000 und war blutiger als die Erste. Statt Steine wurden diesmal Bomben geworfen. Es gab viele Tote. Am 5. März 2001 erklärte Sharon in der Knesset: »Wir müssen sie bekämpfen. Wir müssen ihnen schwere Verluste zufügen, und sie werden verstehen, dass sie mit weiterem Terror keine politischen Vorteile erzielen können.«

Als am 27. März 2002 bei einem Selbstmordattentat im Park Hotel in Netanja 22 Menschen getötet und weitere 140 verletzt wurden und die Hamas die Verantwortung für den Anschlag übernahm, schlug Sharon zurück. In der Operation »Defensive Shield« führte ein massiver Militäreinsatz mit mehreren Hundert toten Palästinensern bis zum 10. April 2002 zur Wiederbesetzung der unter palästinensischen Autonomieverwaltung stehenden Gebiete und bis auf Hebron aller Städte. In Ramallah wurde Arafat unter Hausarrest gestellt und spielte bis zu seinem Tod am 11. November 2004 politisch keine Rolle mehr. Sharon hatte das erreicht, was er im Libanonkrieg 1982 nicht erreicht hatte: den PLO-Führer Arafat, für ihn der Inbegriff des Terroristen, ausgeschaltet.

Die Eskalation der Gewalt in jenen Monaten führte bei US-Präsident George W. Bush zu grundsätzlichen Überlegungen. Gleich, was man über sein Irak-Desaster denkt, eines muss festgehalten bleiben: Er ist der erste US-Präsident gewesen,

Am 28. September 2000 beginnt die Zweite Intifada, ausgelöst durch einen Besuch von Likud-Führer Ariel Sharon auf dem Tempelberg in Jerusalem.

der öffentlich einen Palästinenserstaat forderte. Entgegen dem Rat seiner engsten Mitarbeiter hielt er am 24. Juni 2002 eine wegweisende Rede: »Ich sehe zwei Staaten vor mir, die Seite an Seite in Frieden und Sicherheit leben. Alle Parteien müssen den Terror bekämpfen. Es gibt keinen anderen Weg, diesen Frieden zu erreichen. Ich appelliere an die Palästinenser, neue Führer zu wählen, Führer, die nicht durch Terror kompromittiert sind. Ich appelliere an die Palästinenser, eine funktionierende Demokratie aufzubauen, die auf Toleranz und Freiheit gegründet ist. Falls das palästinensische Volk diese Ziele ernsthaft verfolgt, werden Amerika und die Welt sie aktiv bei ihren Bemühungen unterstützen.«

Diese Rede wurde Thema auf dem drei Tage später in Kanada stattfindenden G8-Gipfel, wo US-Außenminister Colin Powell sie zum Ausgangspunkt für einen neuen Nahost-Friedensplan machte, den am Ende vier Partner, das sogenannte

Nahost-Quartett (USA, Russland, EU, UNO), vorlegten. Dieser als »road map« in die Geschichte des Nahost-Konflikts eingegangene Plan sah in drei Phasen erstmals konkret die Bildung eines Palästinenserstaates vor.

Erste Phase: Die Palästinenser beenden den Terror, bekämpfen Korruption und führen Wahlen durch; Israel akzeptiert die Zweistaatenlösung und baut illegale Siedlungen ab.

Zweite Phase: Beginn direkter Verhandlungen zur Gründung eines provisorischen palästinensischen Staates.

Dritte Phase: Klärung ausstehender schwieriger Fragen, endgültige Grenzen, Rückkehr der Flüchtlinge.

Am 8. Februar 2005 traf Bush in Sharm el Sheikh mit dem neuen Präsidenten der Palästinensischen Autonomiebehörde, Mahmud Abbas – dem ehemaligen Stellvertreter Arafats –, und Sharon zusammen. Abbas und Sharon stimmten dem Plan zu. Bemerkenswert war, dass Sharon hier ganz eindeutig der Groß-Israel-Idee – Eretz Israel – abschwor. Dem in Palästina Geborenen fiel dies offensichtlich leichter als seinen in Polen geborenen Vorgängern Begin und Shamir, für die Eretz Israel ihr Lebensziel gewesen war. In Akaba sagte Sharon später: »Es liegt nicht im Interesse Israels, die Palästinenser zu regieren; es liegt dagegen im Interesse Israels, dass sich die Palästinenser in ihrem eigenen Staat selbst regieren.« Und Abbas erklärte: »Die Intifada muss enden; mit friedlichen Mitteln müssen wir die Besatzung und das Leid der Palästinenser und Israelis beenden.« Bush notierte: »Ein Durchbruch.«

Die Intifada endete, Israel zerstörte nicht mehr die Wohnhäuser von Terrorverdächtigen und stellte auch die gezielten Tötungen von Terroristen ein. Sharon setzte dann den nächsten Schritt. Er war mit folgendem Versprechen als Regierungschef angetreten: »Ich werde Jerusalem behalten, ich werde das Jordantal behalten und ich werde keine palästinensischen Flüchtlinge nach Israel lassen. Ich werde auch den Golan und den Negev behalten.« Den Gazastreifen hatte er nicht erwähnt und handelte jetzt entsprechend: 2005 befahl er den Rückzug aus dem Gebiet und die Räumung der 21 Siedlungen dort – zum

Um Israel vor Terrorangriffen zu schützen, lässt Ariel Sharon eine Mauer etwa entlang der Grenze von 1967 bauen. Am Ende wird sie 750 km lang. Sie besteht zum größten Teil aus einem Metallzaun mit einem ca. 70 Meter breiten Sperrgebiet, auf Teilabschnitten allerdings aus einer bis zu acht Meter hohen Mauer aus Stahlbeton wie hier in der Nähe von Jerusalem.

Teil gegen den Willen der Siedler und unter Einsatz der Armee.

Um Israel vor Terrorangriffen zu schützen, hatte er schon vorher mit dem Bau einer Mauer begonnen, die seit damals viele Namen hat: Trennungswand, Sperranlage, Anti-Terror-Barriere, Friedensmauer. Sie bestand – und besteht – zum größten Teil aus einem Metallzaun mit einem ca. 70 m breiten Sperrgebiet, auf Teilabschnitten aus einer bis zu acht Meter hohen Mauer aus Stahlbeton. An diese Mauer knüpften sich weitreichende Fragen: Konnte es mit dieser Mauer Frieden geben? War sie die zukünftige Grenze Israels, auch da, wo sie in palästinensisches Gebiet einschnitt?

Offensichtlich hatte der als rechtsnationalistisch angesehene Sharon einen Plan und war zum Frieden bereit. Den Beweis konnte er nicht mehr erbringen. Er erlitt am 11. April 2006 einen Schlaganfall und fiel ins Koma (er starb 2014). Nachfolger wurde Ehud Olmert, Bürgermeister von Jerusalem.

Wenig später befand sich Israel im Libanon erneut im Krieg. Seit dem Rückzug aus dem Südlibanon im Jahre 2000 unter Barak hatte es immer wieder Zwischenfälle an der Grenze und Raketenbeschuss der vom Iran unterstützten Hisbollah-Miliz gegen Ziele im Norden Israels gegeben. Am 13. Juli reagierte Israel mit massiven Luftangriffen. Der sogenannte 2. Libanonkrieg endete am 14. August 2006 nach Aufforderung der UNO (Resolution 1701). Fast zeitgleich – 25. Juni bis 28. August – lief die Operation »Summer Rains«: Einmarsch der israelischen Armee in den Gazastreifen, nachdem zum wiederholten Male von dort Raketen auf Israel abgefeuert worden waren.

Die Hamas, die im Gazastreifen herrschte, hatte kein Interesse am Frieden. Hamas hatte die Wahlen dort im Jahr 2006 gewonnen, forderte weiter die Vernichtung Israels, verübte weiter Terroranschläge und feuerte weiter Raketen auf Israel ab (s. unten). Für Abbas waren Friedensgespräche unter diesen Umständen genauso irreal wie für Olmert. Präsident Bush machte dennoch einen letzten Versuch, um vor Ende seiner Amtszeit doch noch die »roadmap for peace«, wie der Plan jetzt hieß, umzusetzen. Auf der Konferenz im November 2007 in Annapolis, Maryland, blieb Abbas bei der alten Forderung: Westbank und Gaza für den Palästinenserstaat; Olmert äußerte die Bereitschaft, Teile von Ost-Jerusalem aufzugeben, stieß dabei allerdings schon auf den massiven Widerstand in den Reihen seiner Regierungskoalition, während die Hamas die Konferenz grundsätzlich ablehnte. Immerhin kam ein gemeinsames Kommuniqué zustande, das hoffen ließ: Abbas und Olmert wollten alle 14 Tage zusammenkommen und dafür arbeiten, dass zwei Staaten, ein israelischer und ein palästinensischer, in Frieden und Sicherheit nebeneinander leben könnten. Ende 2008 sollte ein fertiger Friedensvertrag vorliegen.

Dazu sollte es nicht kommen. Wegen finanzieller Unregelmäßigkeiten aus seiner Zeit als Bürgermeister von Jerusalem wurde Olmert angeklagt, worauf er am 21. September 2008 seinen Rücktritt erklärte – und für Abbas kein Verhandlungspartner mehr war. Das war auch das Ende der von Bush initiierten Nahost-Friedensinitiative.Die Straße auf der erwähnten road map zum Frieden schien jedenfalls in eine Sackgasse zu führen.

US-Präsident George W. Bush startet im Jahr 2002 eine Nahostinitiative. Die neuen Partner sind der neue Ministerpräsident Israels, Ariel Sharon, König Abdullah II. von Jordanien, und der Ministerpräsident der Palästinensischen Autonomiebehörde, Abu Mazen (Mahmud Abbas); hier bei ihrem Treffen in Akaba am 4. Juni 2003.

Keine zwei Staaten

Barack Obama

Am 4. Juni 2009 hielt US-Präsident Obama an der Universität Kairo eine Grundsatzrede, in der er sich auch ausführlich zum israelisch-palästinensischen Konflikt äußerte: »Die einzige Lösung ist die Erfüllung der Erwartungen beider Seiten, mit zwei Staaten, wo Israelis und Palästinenser jeweils in Frieden und Sicherheit leben. Das ist in Israels Interesse, im palästinensischen Interesse, im amerikanischen Interesse und im Interesse der Welt.«

Netanjahu, inzwischen Israels Regierungschef sah das anders: er war ein erklärter Gegner der Zweistaatenlösung und

Israel Government Press Office, Jerusalem

Keine besten Freunde: Israels Ministerpräsident Benjamin Netanjahu und US-Präsident Barack Obama.

ein Befürworter der Siedlungspolitik. Ein Stopp des Siedlungsbaus war mit ihm nicht zu machen. Umgekehrt forderte Palästinenserführer Abbas genau das als Vorbedingung für Verhandlungen. Es gab keine ernsthaften Friedensverhandlungen.

Donald Trump
Mit US-Präsident Donald Trump kam Bewegung in den Nahen Osten. Trumps Vorgänger hatten sich für den Frieden zwischen Israel und den Palästinensern eingesetzt – zugegebenermaßen erfolglos. Trump ging einen anderen Weg, agierte unkonventionell, ignorierte die Palästinenser und erfüllte Wahlversprechen: Jerusalem als Hauptstadt Israels, Anerkennung der 1981 von Israel annektierten Golan-Höhen, 2020 ein Friedensvertrag zwischen Israel, den Vereinigten Arabischen Emiraten und Bahrain. Netanjahu erklärte bei der Unterzeichnung, es sei ein Frieden, der »in Israel, im Nahen Osten, in Amerika – in der Tat auf der ganzen Welt – breite Unterstützung findet«. Die Palästinenser waren gar nicht erwähnt worden. Die Antwort der Hamas blieb nicht aus. Für sie war der Vertrag ein »verräterischer Dolchstoß in den Rücken des palästinensischen Volkes«. Drei Jahre später erinnerte sie die Welt durch eine monströse Tat daran, dass es die Palästinenser noch gab.

Hamas und Raketen aus Gaza

Der Gazastreifen

Das Küstengebiet am östlichen Mittelmeer zwischen Ägypten und Israel ist nur 40 km lang und 6–10 km breit. Es ist flächenmäßig etwa halb so groß wie Hamburg (360 zu 755 km²) mit einer doppelt so großen Bevölkerungsdichte (5300 zu 2500). Es leben dort ca. 2,3 Millionen Menschen. 70 Prozent von ihnen sind Flüchtlinge aus der Zeit des ersten arabisch-israelischen Krieges 1948/49. 1,2 Millionen leben in Lagern.

Nach dem UNO-Teilungsbeschlusses vom November 1947 sollte der Gazastreifen Teil des palästinensischen Staates werden. Nach Ende des Krieges wurde es von Ägypten verwaltet, das den Bewohnern aber nicht die ägyptische Staatsbürgerschaft gewährte (anders als Jordanien mit den Bewohnern Ost-Jerusalems und der annektierten Rest-Westbank); ihre Bürger blieben staatenlos.

Im Sechstagekrieg wurde auch der Gazastreifen erobert. In der Folgezeit siedelten dort etwa 8000 Juden. Im Gazastreifen begann die Erste Intifada. 1994 übernahm die Palästinensische Autonomiebehörde die Verwaltung, 2005 beschloss Sharon den israelischen Abzug.

Im September 2005 endete Israels Präsenz im Gazastreifen, der mit einem Grenzzaun hermetisch abgeriegelt wurde. Israel kontrollierte den Zugang; es gab zwei Übergänge nach Israel, einen im Süden nach Ägypten. Die Küstenregion war militärisches Sperrgebiet. Wasser, Stromversorgung, Telekommunikation, Nahrungsmittel und medizinische Versorgung waren von ausländischer Hilfe abhängig, die in erster Linie von der UNO und der EU geleistet wurde. Im sozialen Bereich war die Hamas zunächst erfolgreich tätig.

GAZASTREIFEN

Bebautes Gelände

Flüchtlingslager

⊖ Grenzübergang

Kilometer

0   10

MITTELMEER

Bait Lahiya

Erez

Dschabaliya

Beit Hanun

Gaza-Stadt

Nahal Oz

Karni

ISRAEL

Dair al-Balah

Kissufim (im Aug 2005 geschlossen)

Chan Yunis

Abasan al-Kabera

Rafah

Flughafen Yasser Arafat (seit Jan 2002 funktionsuntüchtig) ▲105 Abu Auda

Sufa

Rafah

ÄGYPTEN

Kerem Shalom

LIBANON

SYRIEN

Golan-höhen

MITTEL-MEER

West-jordan-land

ISRAEL

JORDANIEN

ÄGYPTEN

Wikipedia, Lencer

Karte des Gazastreifens, Stand Dezember 2008

Die Hamas hatte das Oslo-Abkommen aus dem Jahr 1993 »Verrat am Willen Gottes« genannt. So wie Rabin für die Zionisten ein Verräter war (Netanjahu hatte das Abkommen ebenfalls abgelehnt), so war es Arafat für die radikal-islamistische Hamas in Gaza. Deren Stunde schlug in der Zweiten Intifada, bei der sie an mehr als 400 Terroranschlägen beteiligt war.

Hamas nahm allerdings an den Wahlen im Januar 2006 im Autonomiegebiet teil, bei denen sie im Gazastreifen 44 % der Stimmen erhielt. Der Konflikt mit der gemäßigten Fatah in Ramallah (der »Bewegung zur nationalen Befreiung Palästinas«, der stärksten Fraktion der PLO) blieb nicht aus. Erste Kämpfe begannen bereits im Dezember 2006 im Westjordanland und eskalierten dann im Mai 2007 im Gazastreifen. Nach vier Tagen blutigen Kämpfen mit ca. 116 Toten übernahm die Hamas die alleinige Kontrolle über den Gazastreifen. Das führte zur faktischen Teilung des palästinensischen Autonomiegebietes, die trotz mehrfacher »Versöhnungsversuche« bis heute andauert.

Die Raketen und Israels Reaktion

An der grundsätzlichen Haltung der Hamas gegenüber Israel nach dessen Abzug aus Gaza änderte sich nichts: Sie erkannte dessen Existenzrecht nach wie vor nicht an und rief zu seiner Vernichtung auf. Noch im Juni 2006 wurden die ersten Raketen abgefeuert. Das führte Ende des Monats zur ersten Aktion der israelischen Streitkräfte – Armee und Luftwaffe – im Gazastreifen, der in den folgenden Jahren noch weitere folgen sollten, die die Existenz Israels allerdings in keiner Weise bedrohten und denen die Armee »attraktive« Namen gab. Die Juni-Operation dauerte bis August und hieß »Sommerregen« (»Summer Rains«). Die Hamas nahm dabei einen israelischen Soldaten als Geisel gefangen, den 19-jährigen Korporal Gilad Schalit (der erst 2011 im Austausch gegen 1027 palästinensische Häftlinge freigelassen wurde).

Von Dezember 2008 bis Januar 2009 lief nach massivem Raketenbeschuss die nächste Operation: »Gegossenes Blei« (»Cast Lead«) mit dem Ziel, weiteren Raketenbeschuss und Waffenschmuggel auf Dauer zu verhindern.

Gleich am ersten Tag der Operation starben mindestens 200 Menschen. Die Zahl der Opfer stieg am zweiten Tag, als Israels Luftwaffe Hamas-Zentren bombardierte – darunter eine

Moschee sowie den Fernsehsender Al-Aksa. Nach 22 Tagen endete die Operation.

2012 gab es wieder einen Krieg, dem die israelische Armee wie üblich einen »attraktiven« Namen gab: »Pillar of Cloud«. Die Operation begann am 14. November nach den üblichen Raketen aus dem Gazastreifen und endete am 21. November mit einem Waffenstillstand, der dann am 26. Februar 2013 durch Raketen aus dem Gazastreifen erstmals gebrochen wurde. Und so ging das weiter: Am 8. Juli 2014 gab es nach erneutem Raketenbeschuss aus dem Gazastreifen als Reaktion die Operation »Protective Edge« mit den üblichen Luftangriffen. Am 26. August wurde ein Waffenstillstand geschlossen. Auch das kannte man von früheren Aktionen.

Zum 70. Jahrestag Israels 2018 gab es Massenproteste an der Gaza-Grenze. Das israelische Militär reagierte hart: Dutzende Palästinenser starben. Im Mai 2023, passend zum 75. Jahrestag, gab es dann wieder massiven Raketenbeschuss aus dem Gazastreifen. Die Aufregung hielt sich diesmal in Grenzen. Das änderte sich am 7. Oktober.

Die Lage am 28. Oktober – drei Wochen nach dem Massaker

Ein Ziel hat die Hamas mit dem Massaker erreicht: das Nahostproblem steht wieder im Mittelpunkt der internationalen Politik. Ein zweites Ziel haben sie auch erreicht: Angesichts der aufgeheizten Situation der islamischen Bevölkerungen von Tunesien bis Indonesien beendete Saudi-Arabien die erfolgreich angelaufenen Annäherungsgespräche mit Israel.

Die Hamas, so ein israelischer Regierungsvertreter, »hat die Tore zur Hölle geöffnet«. Als Reaktion auf das Massaker will Israel die Hamas vernichten. Seit dem 7. Oktober läuft die Operation »Iron Swords«. Netanjahu am 25. Oktober in einer Fernsehansprache: »Alle Hamas-Mitglieder sind todgeweiht – über der Erde, unter der Erde, in Gaza und außerhalb von Gaza. Israel befindet sich mitten in einem »Kampf um seine Existenz«. Zu einer erwarteten Bodenoffensive meinte er: »Wir bereiten uns auf einen Bodenangriff vor. Ich werde nicht sagen, wann, wie und wie viele.«

Angesichts massiver israelischer Luftangriffe verschärfte sich die humanitäre Lage im dicht besiedelten Gazastreifen. Israel forderte die Freilassung der israelischen Geiseln (inzwischen sind vier freigelassen worden) und verbat sich angesichts des Massakers »Moralpredigten«, während der britische Außenminister James Cleverly warnte, die Hamas wolle mit ihrem Terrorangriff einen Flächenbrand auslösen. Eine Äußerung des iranischen Außenministers machte deutlich, dass dies eine reale Gefahr war: »Wenn die Aggression gegen Gaza nicht beendet wird, sind weitere Fronten in diesem Krieg nicht auszuschließen«. Der Iran könne in dieser Situation nicht als Zuschauer am Rande stehen. Möglicherweise würde der Iran seine Hilfstruppe im Libanon, die hoch aufgerüstete Hisbollah, die »Partei Gottes«, aktivieren, deren 10.000 Raketen jedes Ziel in Israel treffen können, einschließlich der Atomanlage in Dimona im Negev. Inzwischen droht an der Grenze zum Libanon nach zahlreichen Angriffen der Hisbollah eine zweite Front – und womöglich eine dritte in der Westbank, wo die Luftwaffe eine Moschee mit Hamas-Leuten und Waffen zerstört hat und inzwischen mehr als 100 Palästinenser getötet wurden.

Um eine weitere Eskalation zu verhindern, verlegten die USA gleich zwei Flugzeugträger mit Begleitschiffen zur Abschreckung ins östliche Mittelmeer, wenig später auch ein Raketenabwehrsystem und zusätzliche Truppen »in den gesamten Nahen Osten«. Dies sei eine Reaktion auf die »jüngste Eskalation des Iran und seiner Verbündeten« – Angriffe iranischer Revolutionsgarden auf US-Stützpunkte in Syrien –, wie US-Verteidigungsminister Austin betonte, und sichtbares Zeichen der uneingeschränkten Solidarität der USA. Gleichzeitig zeigte sich US-Präsident Biden beunruhigt über die Angriffe extremistischer Siedler im Westjordanland: »Das muss jetzt aufhören.«

Netanjahu nannte den 7. Oktober »den bösen Tag«. Für Israel war es der schlimmste Tag seit der Staatsgründung, auch weil es den Terroristen gelungen war, den Nimbus der

Unbesiegbarkeit des Landes zu erschüttern. Und sie haben sich mit ziemlicher Sicherheit auf den Kampf mit den Israelis in ihren zahlreichen Tunnels vorbereitet. Zum Zeitpunkt der Abfassung dieses Manuskripts stand die israelische Armee bereit, wohl wissend, dass es ein schwerer Kampf werden würde – mit zahlreichen zivilen Opfern und schrecklichen Bildern zum Nachteil Israels. Und es bleibt die Frage nach dem Schicksal der Geiseln.

Wie soll es im Gazastreifen und im Nahen Osten weitergehen? König Hussein von Jordanien forderte ein Ende der israelischen Besatzung in der Westbank und die Bildung eines Palästinenserstaates, genauso wie Italiens Regierungschefin Meloni und Ägyptens Präsident Sisi, Großbritanniens Sunak und Frankreichs Macron. Möglicherweise ist es diesmal mehr als nur ein Lippenbekenntnis. Allerdings: die Hamas will keine Zweistaatenlösung; sie will die Vernichtung Israels und an dessen Stelle einen islamistischen Staat.

Russlands Präsident Putin erinnerte an die UNO-Entscheidung von 1947 und sprach von einem Palästinenserstaat auf der Basis der Grenzen von 1967 mit Ost-Jerusalem als Hauptstadt. Dass ausgerechnet er einen Waffenstillstand forderte, war an Zynismus kaum zu überbieten. Als sein UNO-Botschafter in der Sitzung des Sicherheitsrates am 24. Oktober diese Forderung wiederholte, lehnte das Israels Außenminister Eli Cohen mit drastischen Worten ab: »Sagen Sie mir: Was ist Ihre verhältnismäßige Reaktion auf die Tötung von Babys, die Vergewaltigung und Verbrennung von Frauen und die Enthauptung eines Kindes? Wie kann man einem Waffenstillstand mit jemandem zustimmen, der geschworen hat, Sie zu töten und die eigene Existenz zu zerstören? Wir haben uns nicht für diesen Krieg entschieden, haben aber keinen Zweifel daran, dass wir gewinnen werden.« Die Welt müsse die militärische Offensive unterstützen. Die Hamas seien »die neuen Nazis«. (Fast gleichzeitig wurde eine Hamas-Delegation im Kreml empfangen.)

Die Rede von UN-Generalsekretär António Guterres in derselben Sitzung sorgte für einen Eklat. Guterres verurteilte die

Angriffe der Hamas auf Israel erneut auf Schärfste, diese seien durch nichts zu rechtfertigen, aber: »Es ist wichtig zu erkennen, dass die Angriffe der Hamas nicht im luftleeren Raum stattfanden.« Das palästinensische Volk sei 56 Jahre lang einer erdrückenden Besatzung ausgesetzt. Es habe miterlebt, wie das Land durch Siedlungen dezimiert und von Gewalt heimgesucht worden sei. Die Hamas-Angriffe könnten die »kollektive Bestrafung des palästinensischen Volkes nicht rechtfertigen«, so Guterres.

Israels UN-Botschafter Gilad Erdan wies die Äußerungen von Guterres scharf zurück. Die Aussage, dass »der mörderische Terrorangriff der Nazi-Hamas nicht im luftleeren Raum stattfand«, sei eine Rechtfertigung von Terror und Mord. »Es ist traurig, dass ein Mensch mit solchen Ansichten an der Spitze der Organisation steht, die nach dem Holocaust eingerichtet wurde.« Die »schockierende Rede« des UN-Generalsekretärs noch während Raketenangriffen auf Israel beweise endgültig, dass dieser »völlig abgekoppelt von der Realität in unserer Region« sei. Guterres habe eine »verzerrte und unmoralische Sicht« des am 7. Oktober von Hamas-Terroristen in Israel verübten Massakers. Erdan verlangte den Rücktritt des Generalsekretärs, der sich missverstanden fühlte.

Am 27. Oktober forderte die UN-Vollversammlung eine »sofortige humanitäre Waffenruhe« im Gazastreifen. Von den 193 Mitgliedstaaten stimmten 120 dafür, 14 dagegen, 45 enthielten sich der Stimme. Während die USA und Österreich dagegen und Frankreich dafür stimmten, enthielt sich Deutschland, weil, so Außenministerin Baerbock, »die Resolution den Terror der Hamas nicht klar beim Namen nennt.« Israel lehnte die Resolution »als verabscheuungswürdig« ab, während die Hamas jubelte.

Die deutsche Enthaltung stieß in Deutschland, u. a. bei der Opposition, der deutsch-israelischen Gesellschaft und dem israelischen Botschafter auf scharfe Ablehnung, während Kanzler Scholz sie verteidigte. Gleichzeitig bekräftigte die US-Regierung ihre Unterstützung für Israel. »Wir ziehen keine roten

Linien für Israel«, sagte der Sprecher des US Nationalen Sicherheitsrates. Man unterstütze weiter die »Sicherheitsbedürfnisse« Israels und dessen Recht, sich selbst zu verteidigen

Inzwischen verstärkte die israelische Armee in der Nacht vom 27. auf den 28. Oktober ihre Angriffe auf Ziele der Hamas im Gazastreifen, mehrten sich die Scharmützel an der Grenze zu Libanon mit der Hisbollah, verkündete Verteidigungsminister Galant eine neue Phase des Krieges, feuerte die Hamas weiter Raketen auf Israel, forderten Angehörige der Geiseln in Mahnwachen in Tel Aviv deren Freilassung, verlegte die Bundeswehr 1000 Soldaten nach Zypern für eine mögliche Evakuierung deutscher Staatsbürger aus dem Libanon und KSK-Einheiten nach Jordanien, fanden in zahlreichen deutschen Städten mehrheitlich pro-palästinensische Demonstrationen statt.

Der Yom Kippur-Krieg begann am 6. Oktober 1973. Israel wurde völlig überrascht und geriet an den Rand des Abgrunds. Eine Untersuchungskommission nannte die Gründe dafür. Ministerpräsidentin Golda Meir trat anschließend zurück. Das Hamas-Massaker geschah am 7. Oktober, fast auf den Tag genau 50 Jahre später. Wieder wurde Israel völlig überrascht. Wenn alles vorbei ist, wird es wieder eine Kommission geben. Netanjahu hat sie bereits angekündigt. Er wird im Mittelpunkt dieser Untersuchung stehen, und es wird ihm wohl so ergehen wie Golda Meir. In einer repräsentativen Umfrage in Israel Mitte Oktober forderten 70 % der Befragten bereits seinen Rücktritt. Er hatte sein Land zuvor durch eine umstrittene Justizreform völlig gespalten und geschwächt und damit einen unverzeihlichen Fehler begangen: die Sicherheit des Landes vernachlässigt. Seit dem 7. Oktober 2023 geht es wieder um die Existenz Israels.

PS:

30. Oktober: Die von der Hamas am 7. Oktober verschleppte 22-jährige Deutsch-Israelin Shani Louk, die am Festival im Negev teilnehmen wollte, ist tot. Die Armee fand ihren Schädel. Sie wurde von den Terroristen enthauptet.

Die Armee befreit eine Soldatin, die die Hamas am 7. Oktober als Geisel verschleppt hatte.

31. Oktober: Netanjahu lehnt eine Waffenruhe ab. Entsprechende Aufrufe an Israel seien Aufrufe, gegenüber »der Hamas, gegenüber Terrorismus, gegenüber der Barbarei zu kapitulieren. Das wird nicht passieren.«

Ziemlich beste Freunde: Israels Ministerpräsident »Bibi« Netanjahu und US-Präsident Donald J. Trump.

Literatur

Steininger, Rolf, Die USA, Israel und der Nahe Osten. Von 1945 bis zur Gegenwart, Reinbek 2022.

Steininger, Rolf, Der Nahostkonflikt, Frankfurt am Main 2003, 10. Aufl. 2023.

Steininger, Rolf, Die Gründung des Staates Israel – 14. Mai 1948, hrsg. von der Landeszentrale für politische Bildung Thüringen, Erfurt 2023.

Brenner, Michael, Geschichte des Zionismus, München 2002.

Schäuble, Martin/Noah Flug, Die Geschichte der Israelis und der Palästinenser, München 2009.

Segev, Tom, David Ben Gurion: Ein Staat um jeden Preis, München 2018.

Segev, Tom, Es war einmal ein Palästina. Juden und Araber vor der Staatsgründung Israels, Berlin 2005.

Steininger, Rolf (Hrsg.), Der Kampf um Palästina 1924–1939. Berichte der deutschen Generalkonsuln in Jerusalem, München 2007.

Agstner, Rudolf/Rolf Steininger (Hrsg.), Israel und der Nahostkonflikt 1976–1981. Berichte des österreichischen Botschafters Dr. Ingo Mussi (Berichte aus Israel, Bd. 13) Innsbruck 2016

Steininger, Rolf (Hrsg.), Israel und der Nahostkonflikt 1981–1990. Berichte des österreichischen Botschafters Dr. Otto Pleinert (Berichte aus Israel, Bd. 14), Innsbruck 2021.

Morris, Benny, Righteous Victims. A History of the Zionist-Arab Conflict, 1881–2001, New York 2001.

Wolffsohn, Michael, Wem gehört das Heilige Land? Die Wurzeln des Streits zwischen Juden und Arabern, München 2017.

Zadoff, Noam, Geschichte Israels, München 2020.